यात्रा पाण्डेय घाट से प्रयागराज घाट तक

(काशी के घाटों का एक झलक)

डॉ. जगदीश पिल्लई

|| श्री काशी विश्वनाथ को समर्पित ||

क्रम-सूची

प्रार्थना - श्री विश्वनाथाष्टकम् vii

लेखक के बारे में ix

आमुख xv

खण्ड 1

1. पाण्डेय घाट 3

खण्ड 2

2. दिग्पतिया घाट 7

खण्ड 3

3. चैसट्टीघाट 11

खण्ड 4

4. राणामहल घाट 15

खण्ड 5

5. दरभंगाघाट 19

खण्ड 6

6. मुंशीघाट 23

खण्ड 7

7. अहिल्याबाई घाट 27

खण्ड 8

8. शीतला घाट - प्रथम 31

खण्ड 9

9. दशाश्वमेध घाट 35

खण्ड 10

क्रम-सूची

10. प्रयाग घाट   39

सन्दर्भ   41

संपर्क सूत्र   43

प्रार्थना - श्री विश्वनाथाष्टकम्

गङ्गातरङ्ग रमणीय जटाकलापं
गौरीनिरन्तरविभूषितवामभागम् ।
नारायणप्रियमनङ्गमदापहारं
वाराणसीपुरपतिं भज विश्वनाथम् ॥ १ ॥

वाचामगोचरमनेकगुणस्वरूपं
प्वारार्गीथनाशविष्णुसुरसेवितपादपीठम् ।
वामेन विग्रहवरेण कलत्रवन्तं
वाराणसीपुरपतिं भज विश्वनाथम् ॥ २ ॥

भूताधिपं भुजगभूषणभूषिताङ्गं
व्याघ्राजिनाम्बरधरं जटिलं त्रिनेत्रम् ।
पाशाङ्कुशाभयवरप्रदशूलपाणिं
वाराणसीपुरपतिं भज विश्वनाथम् ॥ ३ ॥

शीतांशुशोभितकिरीटविराजमानं
भालेक्षणानलविशोषितपञ्चबाणम् ।
नागाधिपारचितभासुरकर्णपूरं
वाराणसीपुरपतिं भज विश्वनाथम् ॥ ४ ॥

पञ्चाननं दुरितमत्तमतङ्गजानां
नागान्तकं दनुजपुङ्गवपन्नगानाम् ।
दावानलं मरणशोकजराटवीनां
वाराणसीपुरपतिं भज विश्वनाथम् ॥ ५ ॥

तेजोमयं सगुणनिर्गुणमद्विवतीयं

आनन्दकन्दमपराजितमप्रमेयम् ।
नागात्मकं सकलनिष्कलमात्मरूपं
वाराणसीपुरपतिं भज विश्वनाथम् ॥ ६ ॥

आशां विहाय परिहृत्य परस्य निन्दां
पापे रतिं च सुनिवार्य मनः समाधौ ।
आदाय हृत्कमलमध्यगतं परेशं
वाराणसीपुरपतिं भज विश्वनाथम् ॥ ७ ॥

रागादिदोषरहितं स्वजनानुरागं
वैराग्यशान्तिनिलयं गिरिजासहायम् ।
माधुर्यधैर्यसुभगं गरलाभिरामं
वाराणसीपुरपतिं भज विश्वनाथम् ॥ ८ ॥

वाराणसीपुरपतेः स्तवनं शिवस्य
व्याख्यातमष्टकमिदं पठते मनुष्यः ।
विद्यां श्रियं विपुलसौख्यमनन्तकीर्तिं
सम्प्राप्य देहविलये लभते च मोक्षम् ॥ ९ ॥

इति श्रीव्यासकृतम् विश्वनाथष्टकम पूर्ण ॥

लेखक के बारे में

डॉ. जगदीश पिल्लई एक उत्साही पाठक, लेखक और सच्चे शोध विद्वान है जिनका का जन्म भगवान शिव के नगरी वाराणसी में हुआ था। वह वैदिक विज्ञान में पी.एच.डी. किया हुआ है| वह जन्मजात गुणों, रचनात्मक विचारों और कई उल्लेखनीय उपलब्धियों के साथ एक बहुआयामी पॉलीमैथ है। यद्यपि उनकी जड़ें "गॉड्स ओन कंट्री" (केरल) तक फैली हुई हैं| वाराणसी के निवासी उन पर गर्व महसूस करते हैं और उन्हें वाराणसी के एक बच्चे के रूप में मानते हैं जो बिना किसी अपेक्षा के हर व्यक्ति की जरूरत को पूरा करता है। उनकी प्रोफाइल के गहन अध्ययन से पता चलता है कि उन्होंने कामयाबी के कई सारे पंख जोड़े हैं जो उन्हें काफी अनोखा बनाते हैं। वह निम्नलिखित विषयों में चार बार गिनीज बुक ऑफ वर्ल्ड रिकॉर्ड धारक हैं:

(1) "स्क्रिप्ट टू स्क्रीन" जो उन्होंने कनाडा के लोगों द्वारा पहले के सेट रिकॉर्ड को तोड़कर कम से कम समय के भीतर कला एनीमेशन फिल्म का निर्माण और निर्देशन करके हासिल की। उनके नाम पर कई राष्ट्रीय और अंतर्राष्ट्रीय पुरस्कार और सम्मान भी हैं।

(2) पोस्ट कार्ड की सबसे लंबी लाइन जो उन्होंने 16300 पोस्ट कार्डों द्वारा भारतीय डाक दिवस के 163 साल के अवसर पर की है। यह कार्यक्रम भारतीय ध्वज के बारे में एक प्रश्नावली से भी जुड़ा था।

(3) सबसे बड़ा पोस्टर जागरूकता अभियान - यह "बेटी बचाओ - बेटी पढाओ" विषय पर जागरूकता अभियान तैयार करके प्राप्त किया गया था।

(4) सबसे बड़ा लिफाफा - प्रधानमंत्री की पहल 'मेक इन इंडिया' को श्रद्धांजलि के लिए - उन्होंने रद्दी कागजों का उपयोग करके लगभग

4000 वर्ग मीटर का लिफाफा बनाया है।

(5) भारत के सत्तरवें स्वतंत्रता दिवस को मनाने के लिए 210 किलो के केक पर 70000 मोमबत्तियां जलाकर वर्ल्ड रिकॉर्ड्स इंडिया में दर्ज अपना नाम दर्ज किया|

(6) सारनाथ के धमेक स्तूप पर 17 भाषाओं में डबिंग करके एक वृत चित्र बनाया है जिसका परिणाम गिनीज वर्ल्ड रिकॉर्ड्स से प्रतीक्षारत है|
वे गीता शिक्षण में बहुमुखी प्रतिभा के धनी हैं। युवा पीढ़ी उनके गीता शिक्षण से प्रेरित है और उन्होंने अपने निरंतर प्रेरक, प्रोत्साहन और शिक्षाओं के माध्यम से कई युवाओं के जीवन को बदल दिया है।

उन्होंने गायत्री मंत्र को 1000 अलग-अलग धुनों में गाया है।

उन्होंने 108 अलग-अलग धुनों में हनुमान चालीसा को गाया है।

उन्होंने सैकड़ों संस्कृत भजन, देशभक्ति गीत आदि की रचना और गायन किया है।

उन्होंने कई सरकारी जागरूकता अभियानों के लिए कई लघु फिल्मों और वृत्तचित्रों का लेखन और निर्देशन किया है।

उन्होंने वीडियो और फोटोग्राफी के माध्यम से विभिन्न मुद्दों पर जागरूकता अभियान फैलाने के लिए यूपी पुलिस और केरल पुलिस को स्वैच्छिक सेवाएं दी हैं।

वह भारतीय संस्कृति, भारतीय मंदिरों और असाधारण लोगों के जीवन पर हजारों किताबें लिखने की राह पर हैं।

यह विश्वास करना कठिन है कि उन्होंने एक विशेष शहर (वाराणसी) पर

100 से अधिक वृत्तचित्रों का निर्माण और निर्देशन किया है, जो अकेले एक व्यक्ति द्वारा किया गया है।

उन्होंने 25 से अधिक लड़कों और लड़कियों को विभिन्न रचनात्मक और अभिनव तरीकों के माध्यम से विश्व रिकॉर्ड हासिल करने में मदद और मार्गदर्शन किया है।

एक बहुमुखी व्यक्ति जो ईश्वर प्रदत्त आशीर्वाद का उपयोग करके अपनी बुद्धि का सबसे अच्छा उपयोग करता रहता है| इसलिए वह कई चीजों को सीखने, अनुभव करने और प्रयोग करने और भेदभाव और असमानताओं की इस दुनिया में चमत्कार करने की अपार क्षमता प्रदान करता है। .

वह एक ही समय में एक शिक्षक और एक छात्र है जो हमेशा हर दिन सीखता है और हर दिन किसी न किसी को कुछ न कुछ पढ़ाता है। एक मास्टर के तौर पर उनकी कमजोरी यह थी कि वह कभी किसी खास विषय पर नहीं टिकते। शायद यही कमजोरी उसे किसी भी क्षेत्र में महारत हासिल करने की ताकत देती है।

उनका प्रत्येक दिन एक नया विषय सीखने के साथ शुरू होता है और वह अपना अधिकांश समय प्रयोग और शोध करने में व्यतीत करते हैं।

वह एक निस्वार्थ सामाजिक कार्यकर्ता और एक प्रेरक वक्ता भी हैं।

उनका जीवन भी संघर्ष, उतार-चढ़ाव और असफलताओं से भरा रहा है। लेकिन उन्होंने कभी हार नहीं मानी और आत्मविश्वास से भरे अपने सभी परीक्षणों और क्लेशों का सामना किया। आज वह एक सफल युवक है जिसके पास बहुत जोश और समृद्ध जीवन का अनुभव है।

उन्होंने अपनी ही धुन से पूर्ण रामचरित मानस 51 घंटे का ऑडियो

गाया है। उन्होंने पूरी भगवद-गीता को भी अपनी धुन में एक लयबद्ध पृष्ठभूमि के साथ गाया है।

उन्होंने 50 अलग-अलग भाषाओं में "लोका: समस्ता: सुखिनो भवन्तु" भी गाया है।

वर्तमान में वेद, उपनिषद, पुराण, भगवद गीता आदि पर विस्तृत और वैज्ञानिक अध्ययन पर काम कर रहे हैं।

वर्तमान में, वह 'यूरेशिया डिजिटल यूनिवर्सिटी' के मानद चांसलर हैं।

पुरस्कार

चार बार गिनीज वर्ल्ड रिकॉर्ड्स में नाम दर्ज।

महात्मा गांधी विश्व शांति पुरस्कार के विजेता।

महात्मा गांधी वैश्विक शांति राजदूत।

काशी रत्न पुरस्कार।

डॉ० ए०पी०जे० अब्दुल कलाम मोटिवेशनल पर्सन ऑफ द ईयर 2017।

मदर टेरेसा पुरस्कार।

इंदिरा गांधी प्रियदर्शिनी पुरस्कार।

भारत विकास रत्न पुरस्कार।

उद्योग रत्न पुरस्कार।

विज्ञान प्रसार पुरस्कार।

पूर्वांचल रत्न पुरस्कार।

डॉ. जगदीश पिल्लई वैदिक साइंस, भगवद्गीता आदि के टीचर है। उसके आलावा लेखक, गायक, फिल्म मेकर, जेमोलोजिस्ट, आस्ट्रो-वास्तु कंसलटेंट, वर्ल्ड रिकॉर्ड कंसलटेंट, प्राणिक हीलर, स्पिरिचुअल काउंसलर, टैरो कार्ड रीडर आदि विषयों में भी महारत हासिल है।

आप आल इंडिया मलयाली एसोसिएशन उत्तर प्रदेश के चेयरमैन है एवं भारतीय मानवाधिकार एसोसिएशन के 'संस्कृति एवं संस्कार' का राष्ट्रीय सचिव भी है।

आमुख

कई साल पहले जब जीवन का कुछ मुश्किल समय चल रहा था और उस समय को किसी तरह बिताने के लिए काशी के गंगा किनारे की घाटों में घूमने जाते थे| असी घाट से राज घाट यूं ही पैदल चला करता था| कुछ दिन चलने के बाद एक दिन मन में आया कि सीधे गंगा किनारे से चलने से अच्छा है कि हर घाटों के पीछे जो गलीयां है उस गलियों से भी घूमा जाए| वो मेरा सही निर्णय था क्यों की असली में हर एक घाट के पीछे क्या क्या कहानी है, कौन कौन से मंदिर है और ऐसे कई रहस्य चीज़ों की जानकारी मिलने लगी| फिर मैंने एक दिन एक हैंडीकाम लेकर हर घाट एवं घाट के पीछे के इमारतें मंदिर आदि भी देखने एवं शूट करने लगे| हर घाट के स्थानीय लोगों से उस घाट के बारे में पूछने एवं नोट करने लगे| एक अंकल जी ने मुझे सारे घाटों की इतिहास पर एक बहुत पुरानी किताब भी दिया|

कई महीने बाद मन में आया कि हर एक घाट के ऊपर एक एक वृत्तचित्र बनाते हैं और हम उसकी तैयारी में लगे| शायद एक शहर के किसी एक विषय के ऊपर इतनी वृत्तचित्र दुनिया में पहली बार बनता और गिनीज़ वर्ल्ड रिकॉर्ड में आने की सम्भावना है| उसी के लिए लिखे हुए स्क्रिप्ट को ही दुनिया के लिए और आने वाले सहलानियों के लिए किताब के सीरीज़ रूप में प्रकाशित करने की सोचा जो इस पुस्तक के रूप में आज प्रकाशित हुआ है|

वाराणसी शहर के गंगा किनारे लगभग सौ घाट हैं। इनमें से सबसे प्रसिद्ध और सबसे पुराने घाट दशाश्वमेघ, मणिकर्णिका और हरिश्चंद्र घाट हैं। वहाँ के कुछ घाट हिन्दू शासकों जैसे मालवा क्षेत्र की अहिल्या बाई होल्कर, ग्वालियर के पेशवा, आमेर के मान सिंह, जयपुर के जय सिंह आदि द्वारा बनवाए गए हैं। बनारस की कुछ प्रसिद्ध हस्तियों ने घाटों का नाम अपने नाम पर रखा है। मुंशी घाट का नाम हिंदी कवि मुंशी

प्रेमचंद के नाम से है, तुलसी घाट हिंदू कवि तुलसीदास जी के बाद दिया गया है जिन्होंने रामचरितमानस लिखा है।

अधिकांश घाट मराठा काल में बने थे। मराठा, होल्कर, भोंसले, शिंदे (सिंधिया) और पेशवे (पेशवा) वर्तमान वाराणसी के संरक्षक के रूप में रहे हैं। वाराणसी में सुबह की नाव की सवारी पर्यटकों के आकर्षण के रूप में दुनिया भर में प्रसिद्ध है। यदि आप काशी में एक पर्यटक के रूप में आते हैं तो घाटों के पार गंगा पर नाव में सवार होकर एक छोर से दूसरी छोर तक जाना एक महान स्मृति बनकर जीवन भर मैन में रह सकते हैं।

अधिकांश घाट स्नान एवं पूजा आयोजन के लिए प्रसिद्ध है, जबकि दो घाट विशेष रूप से श्मशान स्थलों के रूप में उपयोग किए जाते हैं जैसे हरिश्चंद्र घाट एवं मणिकर्णिका घाट।

अधिकांश वाराणसी घाटों का पुनर्निर्माण 1700 ईस्वी के बाद किया गया था, जब शहर मराठा साम्राज्य का हिस्सा था। वर्तमान घाटों के संरक्षक मराठा, शिंदे (सिंधिया), होल्कर, भोंसले और पेशवे (पेशवा) हैं। कई घाट पौराणिक कथाओं से जुड़े हैं जबकि कई घाट निजी स्वामित्व में हैं। घाटों के पार गंगा पर सुबह की नाव की सवारी एक लोकप्रिय आगंतुक आकर्षण है।

गंगा हमारे बहुत से पवित्र संस्कारों की साक्षिणीय है। गंगा के तट पर स्नान के अतिरिक्त हमारी संस्कृति से जुड़ी हुई बहुत से सामाजिक अनुष्टान संपन्न कराये जाते है। सभी अनुष्ठानों के केन्द्र में गंगा की पवित्रता और उनके प्रति लोगों का आस्था झलकती है।

गंगा के अभाव में इस अनुष्ठानों के परिकल्पना ही संभव नहीं है। हमारे अनुष्ठानों का शुभारम्भ बाल्यावस्था में मुंडन संस्कारए युवा अवस्था में विवाह मृत्यु पर दाह संस्कार एवं मृत्योपरांत तर्पण तक चलती है। इन सभी अवस्थावों की साक्षी माँ गंगा है। गंगा के तट पर बच्चों का मुंडन

कराना अत्यंत श्रेयस्कर मानते है| बच्चों के आलावा बड़े भी कभी कभी गंगा तट पर मुंडन करवाते नज़र आते हैं|

विवाह के बाद नव दम्पति सर्वप्रथम माँ गंगा का आशीर्वाद लेने अपने परिजनों के साथ आते हैं और गंगा पूजन कर गाठ खोलने की रस्म निभाते हैं | लगन के दौरान बहुत से नव विवाहित जोड़े इस रस्म की अदायकी के लिए घाटों पर दिखाई पड़ते है| उत्तराँचल का महापर्व शूर्य षष्टि जिसको लोग मानस के भाषा में छट कहा जाता है, यहाँ गंगा के किनारे भी बहुत भव्य एवं विशाल पैमाने पर आयोजित किया जाता है| शाम से ही अस्थालाचलागामी भगवान् भास्कर को अर्ध देने केलिए वृति महिलाओं का जन सैलाब उमड़ पड़ता है|

काशी में तर्पण का मतलब तर जाना होता है यानी मोक्ष प्राप्ति जो की हमारे जीवन का परम उद्देश्य है|

पाण्डेय घाट

1
पाण्डेय घाट

राजा घाट एवं दिग्पतिया घाट के बीच स्थित इस घाट को पाण्डेय घाट के नाम से जाने जाते हैं| सर्व कामानाओं को सिद्ध करने वाले भगवान सर्वेश्वर शिव मंदिर इसी घाट पर स्थित होने के कारण इस घाट को प्राचीन काल में सर्वेश्वर घाट कहा जाता था| किन्तु 19वीं सदी ई. में छपरा के धनिक बबुआ पाण्डेय ने इस पक्के घाट का निर्माण कराया। साथ ही घाट के उपर इन्होने एक सुदृढ़ एवं विशाल भावन भी बनवाया जो आज बाहर से आये तीर्थयात्रियों के आश्रय के रूप में प्रयुक्त होता है। घाट पर ही एक सुव्यवस्थित व्यायामशाला भी है। साथ ही बबुआ पाण्डेय द्वारा बनवाया सोमेश्वर शिव मंदिर भी प्रतिष्ठित है।

घाट स्थित व्यायामशाला में अनेक स्थानीय युवक सुबह शाम व्यायाम करते है। काशी की प्राचीन परम्पराओं में शुमार कुश्ती का अभ्यास करते है तत्पश्चात् गंगा स्थान कर सर्वेश्वर शिव की अर्चना करते है। ऐसी मान्यता है कि भगवान सर्वेश्वर शिव की अर्चना करने वाले की सभी मनोकामनाएं पूर्ण होती है। अतः सर्वेश्वर शिव मंदिर जनमानस की आस्था का केन्द्र है।

यहां प्रतिदिन शिव भक्तों की अच्छी खासी संख्या उपस्थित होती है।

घाट पक्का एवं मनोहारी है। पाण्डेय घाट काशी के घाटों की अटूट श्रृंखला का एक हिस्सा है जो आज भी सर्व मनोसिद्धि प्रदाता भगवान सर्वेश्वर शिव की कृपा से जीवंत बना हुआ है एवं असंख्य प्राणियों के कल्याण का कारण बना है।

दिग्पतिया घाट

2

दिग्पतिया घाट

पाण्डेय घाट एवं चौसट्टी घाट के बीच स्थित दिग्पतिया घाट का निर्माण 18वीं सदी ई. के अन्तिम चरण में पूर्वी बंगाल के राजा दिग्पतिया ने कराया था। 20वीं सदी ई. के पूर्वार्द्ध तक यह घाट उत्तर स्थित चैसट्टीघाट का ही एक भाग था। अतः कालान्तर में चैसट्टीघाट का दक्षिणी भाग दिग्पतिघाट में परिणित हो गया घाट स्थित पत्थरो एवं ईंटो से निर्मित दुर्ग के समान विशाल महल बंगाली वास्तुकला के है। वर्तमान घाट स्थित महल काशी आश्रम के नाम से जाना जाता है।

महल अत्यन्त विशाल सुदृढ़ एवं सुन्दर है। दोनों कोनो पर बनी अष्टपटल बुर्जियां इसे और भी अधिक सुदृढ़ सुन्दर बनाती है। महल में पत्थरोंपर उकेरी नक्काशी एवं खिड़कियों की बनावट बंगाली वास्तुकला का बेजोड़ नमूना है। यही कारण है कि गांगा के समानान्तर यहां अविरल गंगा की अविरल धारा के साथ ही प्रबुद्धों, तीर्थ यात्रियों एवं पर्यटकों की धारा भी निरन्तर प्रवहमान हैं।

महल के अतिरिक्त यहां बने भवन भी मां गंगा की सेवा में निरन्तर लगे हुए है। घाट से गली तक जाने के लिए सुदृढ़ सीढ़ियां है जो स्थानीय मुहल्ले से घाट को जोड़ती है। घाट स्वच्छ सुन्दर एवं चैड़ा है, जहां

स्थानीय लोगों के स्नान ध्यान का क्रम उषा काल से ही आरम्भ हो जाता है। सूर्योदय के साथ स्नान कर उदय होते सूर्य को अध्र्य देते लोगों को देखना आनंददायी होता है। मानसून के समय में बाढ़ का पानी जब भरता है उस दौरान घाट सिमट कर उपर की ओर चला जाता है तथा कुछ संकरा हो जाता है, किन्तु इस समय भी गंगा की विशाल समुद्र के समान लहलाते तरंगों वाली गंगा को निहारने वालों की संख्या बहुतायत में होती है।

चैसट्टीघाट

3

चैसट्टीघाट

दिग्पतिया घाट एवं राणामहल घाट के बीच स्थित चौसट्टी घाट 16वीं सदी ई. के अन्तिम चरण में बंगाल के राजा प्रतापादित्य ने कराया था। बाद में 18वीं सदी ई. के अन्तिम चरण में इस घाट का पक्का निर्माण पूर्वी बंगाल के राजा दिग्पतिया ने कराया था। घाट का नाम घाट स्थित प्रमुख चैसठ योगिनी मंदिर से जुड़ा है। घाट पर चैसट्टी देवी मंदिर के अतिरिक्त काली मंदिर तथा कई देवकुलिकाएं भी हैं, जिनमें शिव, गणेश तथा कार्तिकेय की मूर्तियां है। घाट के उपरी भाग में पीपल वृक्ष के समीप एक अन्य देवकुलिका है जिसे प्रतापादित्य का स्मारक माना जाता है। प्रायः बंगाली महिलाएं प्रथम पुत्र के जन्म के बाद पुत्र का मुण्डन संस्कार इसी स्मारक के समीप करती है।

घाट के समीपवर्ती क्षेत्र में बंगाली समुदाय के लोगों की बाहुल्य है| घाट पर दैनिक एवं पर्व विशेष पर स्नान का महात्म्य है| स्थानीय लोग प्रतिदिन यहाँ स्नान करते है |

हर साल के फरवरी-मार्च यानी फाल्गुन महीने की शुक्ल एकादशी जिसे रंगभरी एकादशी भी कहा जाता है, घाट पर स्नानार्थियों की संख्या सर्वाधिक होती है| जिसमें स्थानीय एवं नगर के बाहर के लोग भी

सम्मिलित होते हैं जो स्नान के बाद चौसट्टी देवी का दर्शन पूजन करते है|

राणामहल घाट

4

राणामहल घाट

चौसट्टी घाट एवं दरभंगा घाट के बीच स्थित राणामहल घाट का निर्माण 17वीं सदी ई. के उत्तरार्द्ध में उदयपुर के राजा राणा जगतसिंह ने कराया था, इसी कारण घाट का नाम राणामहल घाट पड़ा। महल के पूर्वी भाग में तीन बुर्जियां है तथा बाहर की ओर निकले राजस्थानी शैली के झरोखे है। महल के उत्तरी भाग में गंगातट से गली तक पक्की सीढ़ियां है जो दरभंगाघाट से इसे अलग करती है। सीढ़ियों के उत्तरी व दक्षिणी भाग में 5-5 की संख्या में देवकुलिकाएं है जिनमें शिवलिंग स्थापित है।

यह घाट अत्यन्त सुन्दर एवं वास्तु का सुन्दरतम नमूना है। पूर्ण राजस्थानी शैली से बने घाट स्थित महल को यहां आने वाले सैलानी देखना कभी नहीं भूलते। महल के बाहर निकली बुर्जियां न केवल गंगा के प्रवाह से इसकी रक्षा करती हैं बल्कि महल के सौन्दर्य को भी चार चांद लगाती है।

राणा महल घाट का सौन्दर्य नौका विहार करते हुए और भी आकृष्ट कर देता है। महल में बने राजस्थानी झरोखे देखकर ऐसा लगता है मानो राजस्थान स्वयं ही काशी में उतर आया हो। महल के बाहर दक्षिणी छोर पर बनी देव कुलिकाएं ऐसी प्रतीत होती है मानो महल से गंगा की

अविरल धारा का सौन्दर्य निहार रही हो। राणा महल आज भी अतीव सुन्दर, मजबूत और राणा जगतजीत सिंह की कला प्रियता एवं काशी से उनके असीम प्रेम की गाथा गाता हुआ खड़ा है।

दरभंगाघाट

5

दरभंगाघाट

राणामहल घाट एवं मुंशी घाट के बीच स्थित दरभंगा घाट 1812 सदी ई. में नागपुर के राजा के मंत्री श्रीधर मुंशी ने निर्माण कराया था। 1920 ई. के बाद पूर्व मुंशीघाट के दक्षिणी भाग को दरभंगा के राजा ने क्रय कर लियाए जिससे कालान्तर में दरभंगाघाट का विकास हुआ। घाट स्थित महल अत्यन्त कलात्मक है। महल के उत्तरी व दक्षिणी किनारों पर बुर्जिया निर्मित है।

ये विशाल बलुआ पत्थर से बनी बुर्जियां देखने में ऐसी प्रतीत होती है, मानो दो दैत्याकार प्रहरी महल की रक्षा में लगे हों। विशाल प्राचीर के ऊपर महल के ऊपरी हिस्से की नक्काशी देखते ही बनती है, मख्य कक्ष में बने झरोखे पत्थरों को भली भलीभांति तराश कर बनाये गए है जो अत्यन्त मनोहारी प्रतीत होती है। मुंशी घाट और दरभंगा घाट के बीच गलियारा है जो दरभंगा घाट को मुंशी घाट से अलग करता है। घाट की प्राचीर व गलियों में चित्रकला प्रेमियों व विद्यार्थियों ने अनेक चित्र आदि बना रखे है। दीवार पर उकेरी भगवान शिव का चित्र अति मनमोहक है।

घाट स्थित महल के कारण घाट की भव्यता और भी बढ़ जाती है, यही कारण कि घाटों से गुजरते सैलानियों के पाव दरभंगा घाट पर आते ही

बरबस ठिठक जाते है। घाट स्वच्द एवं सुन्दर है यहां पर सुबह से ही स्नानार्थी आने लगते है, घाट का प्रांगण चैड़ा होने के कारण यहां बच्चे भी खेलने का आनन्द लेते है।

मुंशीघाट

6

मुंशीघाट

दरभंगा घाट एवं अहिल्याबाई घाट के बीच स्तिथ मुंशी घाट का निर्माण 1812 ई. में नागपुर के राजा के मंत्री श्रीधर मुशी ने कराया था| इसीलिए इस घाट का नाम मुंशीघाट पड़ा। 1920 ई. के पूर्व तक इस घाट का दक्षिण में विस्तार राणा महल घाट तक तथा उत्तर में अहिल्याबाई घाट तक था।

1920 ई. के पश्चात् घाट के दक्षिणी भाग को दरभंगा के राजा ने क्रय कर लिया, जिससे घाट दो भागों में बंट गया जो क्रमशः दरभंगा और मुशीघाट नाम से जाना जाता है। घाट के ऊपरी भाग में विशाल भवन तथा दो मन्दिर है।

मुंशी घाट के उत्तरी एवं दक्षिणी भाग में गंगा तट से गली तक जाने केलिए पक्की सीढियां निर्मित है| इस घाट का नवीनीकरण उत्तर प्रदेश सरकार द्वारा सन 1965 में किया गया| यह बहुत स्वच्छ घाट हैए और यहाँ कबूतरों का जमावड़ा अक्सर देखने को मिलता है| घाट से गंगा का नज़ारा बहुत ही रमणीय प्रतीत होता है| इस घाट के भवनों में महाराष्ट्र की भवन निर्माण शैली की झलक मिलती है|

अहिल्याबाई घाट

7

अहिल्याबाई घाट

मुंशी घाट के उत्तरी सीमा पर काशी के दानियों में सर्वोपरि अहिल्याबाई के नाम से बना अहिल्याबाई घाट स्थित है। इस घाट का निर्माण 1785 ई. में इन्दौर की महारानी अहिल्याबाई होल्कर ने कराया था इस घाट का प्राचीन नाम केवलगिरिघाट था। घाट पर अहिल्याबाई के विशाल महल के अतिरिक्त अहिल्याबाई बाड़ा एवं महारानी द्वारा स्थापित हनुमान मंदिर है। इनके अतिरिक्त घाट पर दो शिव मंदिर भी है।

अहिल्याबाई घाट अत्यन्त विशाल हैं घाट पर बने अहिल्याबाई के विशाल महल का स्वरूप देखते ही बनता है महल चुनार से लाए गए लाल बलुआ पत्थरों से निर्मित है।

महल में प्रयुक्त पत्थरों पर राजस्थानी शैली की सुन्दर नक्कासी मन को मोह लेती है, गंगा के प्रवाह से इसकी रक्षा के लिए मजबूत प्राचीर है जो तीक्ष्ण से तीक्ष्ण धारा को भी आसानी से सह सकते हैं। दशाश्वमेध घाट से निकट होने के कारण यहां पर सैलानियों का भारी जमावड़ा रहता है। चित्रकला के विद्यार्थियों के लिए यह स्थान किसी वरदान से कम नहीं।

प्रायः यहां बैठकर घाटों की आकृतियां कैनवास पर उकेरते चित्रकला के विद्यार्थियों को देखा जा सकता है। घाट पर लगी छतरीयां घाट की शोभा

में चार चांद लगा देती है। घाट पर नावों का भी भारी मात्रा में जमावड़ा रहता है, जिनमें सैलानियों को गंगा में नौका विहार का आनन्द बरबस ही सुलभ हो जाता है। घाट किनारे विशाल बजरों पर बैठकर सैलानी घाटों की अद्भुत छटा का नजारा लेते है। गंगा किनारे के घाटों में अहिल्याबाई होलकर घाट अत्यन्त प्राचीनए प्रसिद्ध एवं रमणीय है।

घाट से गली तक जाने वाली सीढ़ियां हवा घर के नाम से भी जानी जाती है, क्योंकि इनमें निरन्तर हवा का प्रवाह बना रहता है।

शीतला घाट - प्रथम

8

शीतला घाट - प्रथम

अहिल्याबाई घाट एवं दशाश्वमेध घाट के बीच स्थित शीतला घाट का निर्माण 19 वीं सदी ई. के उत्तरार्द्ध में इन्दौर की महरानी अहिल्याबाई होल्कर ने कराया था। दशाश्वमेधघाट के दक्षिणी भाग में स्थित शीतलाघाट पर शीतला देवी का प्रसिद्ध मंदिर है, जिसके आधार पर घाट का नामाकरण हुआ। यह घाट धार्मिक सांस्कृतिक गतिविधियों का प्रमुख केन्द्र रहा है।

सूर्य-चन्द्र ग्रहण, गंगा दशहरा, मकर-मेष संक्रान्ति, डाला छठ, शिवरात्रि, तीजए कजरी आदि पर्वों पर स्नानार्थियों की इस घाट पर विशेष भीड़ होती है। घाट पर शीतला मंदिर के अतिरिक्त दो शिव मंदिर भी है।

वर्ष पर्यन्त सैलानियों को आकृष्ट करने वाले चंद प्रमुख घाटों में शुमार शीतला घाट प्राचीनतम् घाटों में से एक है। सम्पूर्ण भारत वर्ष से आने वाले तीर्थ यात्री शीतला घाट का अवलोकन अवश्य करते है| घाट पर गंगा के तीक्ष्ण प्रवाह को रोकने के लिए बने बुर्जों पर प्रायः साधु संतो को ध्यान मग्न बैठे देखे जा सकते है| गंगा की तरंग लहरियाँ निहारते सैलानियाँ एवं चित्रकला के विद्यार्थियों की कतार घाट का सौन्दर्य में

चार-चांद लगा देती है। घाट किनारे पंक्ति बद्ध होकर ब्राह्मणों का जत्था बैठता है जो आने वाले तीर्थ यात्रियों के धार्मिक अनुष्ठान आदि को सम्पन्न कराता है|

पिछले करीब एक दशक से घाट पर सांयकाल मां गंगा की आरती सम्पन्न होती है जिसे देखने को देश विदेश के सैलानियों की भारी भीड़ जमा होती है। घाट पर स्थित भवनों में देश विदेश से आये पर्यटक एंव सैलानियों के ठहरने की व्यवस्था है| जहां रहकर वे मां गंगा की अविरल छवि को निहारते है और आनन्द की अनुभव करते है।

दशाश्वमेध घाट

९

दशाश्वमेध घाट

दशाश्वमेध घाट धार्मिक सांस्कृतिक एवं ऐतिहासिक दृष्टि से यह काशी के सर्वाधिक प्रसिद्ध घाटों में अग्रणी है। पुराणों में इस घाट का नाम रूद्रसर भी कहा गया है। परम्परानुसार ब्रह्मा द्वारा दश-अश्वमेध यज्ञ करने के बाद से इसका नाम दशाश्वमेध हुआ। इतिहास यह भी कहता है की दूसरी शदी में भारशिव राजाओं ने कुषाणों को परस्त करने के पश्चात् अपने अराध्य देव शिव की निवासस्थली काशी में गंगातट के इसी भाग पर दश-अश्वमेध यज्ञ किये थे जिससे इस घाट का नाम दशाश्वमेध हुआ।

घाट का पक्का निर्माण बाजीराव पेशवा ने 1735 ई. में कराया था। 18वीं सदी ई. के पूर्व तक इस घाट का विस्तार अहिल्याबाई घाट से लेकर राजेन्द्र प्रसाद घाट तक था।

घाट के उपरी भाग में 20वीं सदी ई. के चार छोटे-छोटे मंदिर है जिसमें गंगा काली, राम पंचायतन तथा शिवलिंग स्थापित है।

अभी भी इस घाट पर पूजा करते समय पुरोहित इस घाट का नाम रूद्रसर लेते हैं। दशाश्वमेद घाट पर धार्मिक क्रिया कलापों की दृष्टी से भी विशेष

महत्वपूर्ण है| इस घाट के सामने गंगा में रुद्रसर तीर्थ की स्थिति मानी जाती है| ऐसी मान्यता है की इस घाट पर स्नान करने से व्यक्ति के समस्त पाप नष्ट हो जाते है ओर मोक्ष की प्राप्ति होती है|

सड़क मार्ग से सीधे जुड़े होने के कारण ज्यादातर सैलानी इसी घाट पर सर्वप्रथम पहुँचते है और यहाँ से नौका द्वारा गंगा पार जाते है या गंगा की अन्य घाटों की सैर करते है| इसी घाट पर रोज़ संध्या के समय अति मनोरम गंगा आरती होती है| जिसे देखने केलिए शाम के समय घाट पर देशी विदेशी मेहमानों की बहुत भीड़ होती है|

प्रयाग घाट

10

प्रयाग घाट

19वीं सदी ई. के प्रारम्भ में दशाश्वमेध घाट के उत्तरी भाग में स्थित प्रयाग घाट का निर्माण बंगाल के पोटिया की महारानी एच० के० देवी ने कराया था। घाट पर प्रयाग तीर्थ होने से ही इसे प्रयाग घाट कहते है।

गंगा एंव बरसाती नदी का संगम स्थल होने से इस घाट को प्रयाग घाट कहा गया है। माघ महीने में इस घाट पर स्नान का विशेष धार्मिक माहात्म्य है। ऐसी मान्यता है कि इस घाट पर स्नान तथा घाट स्थित शूलटंकेश्वर शिवलिंग के दर्शन से वही पुण्यफल प्राप्त होता है जो इलाहाबाद के प्रयाग में स्नान करने से मिलता है। घाट स्थित मंदिरों में प्रयागेश्वर, शूलटंकेश्वर ब्रह्मेश्वर तथा प्रयाग माधव मुख्य है। मान्यता है की घाट स्थित ब्रह्मेश्वर शिवलिंग की स्थापना ब्रह्मा ने दश अश्वमेध यज्ञ के प्रश्चात की थी।

इस घाट पर अनेक परव तथा उत्सवों का आयोजन किया जाता है| यह घाट दशाश्वमेद घाट के साथ लगे होने के कारण हमेशा यहाँ बहुत भीड़ भाड़ लगी रहती है| यहाँ की सीढ़ियां संगमरमर की है जिनका निर्माण बिहार के भागलपुर निवासी ललित नारायण खंडेलवाल ने 1977 में कराया था|

इस घाट पर भी रोज़ गंगा आरती का अति विशिष्ट आयोजन गंगा सेवा समिति के द्वारा होता है| हर विशिष्ट व्यक्ति इसी घाट पर आकर माँ गंगा के लहरों मैं अपनी श्रधा के सुमन चढाते है| कार्तिक महीने में देश के वीर जवानों के प्रती श्रधा एवं नमन के साथ साथ आकाश दीप प्रज्वलित किया जाता है जो माह पर्यंत प्रति दिन संध्या के समय जलाया जाता है|

तीर्थ यात्री भी गंगा माँ को श्रद्धा के साथ दीपदान करते है| इस घाट की सजावट एवं भव्यता मनोहारी है|

सन्दर्भ

|| इस पुस्तक को तैयार करने में सहयोग देने वाले हर एक व्यक्ति को
दिल से मेरा प्रणाम ||

विशेष धन्यवाद

डॉ. हरी शंकर जी
लेखक
(काशी के घाट - कलात्मक एवं सांस्कृतिक अध्ययन)

वाराणसी प्रशासन

स्थानीय लोग

संपर्क सूत्र

9839093003

myrichindia@gmail.com

facebook.com/drjagadeeshpillaiofficial

youtube.com/drjagadeeshpillai